우리 손으로
바꿔요!

삶과 사람이 아름다운 이야기
우리 손으로 바꿔요!

호세피나 헤프, 마리아 호세 아르세 지음 | 김유진 옮김

1판 1쇄 펴낸날 2023년 7월 20일 | 펴낸이 강경태 | 펴낸곳 (주)베틀북 | 등록번호 제16-1516호 | 제조국 대한민국 | 대상연령 8세 이상
주소 서울시 강남구 테헤란로84길 12 마루빌딩 4층 (우)06178 | 전화 (02)2192-2300 | 팩스 (02)2192-2399

A New Neighborhood
© María José Arce
© Josefina Hepp
© Editorial Muñeca de Trapo, 2020
All rights reserved.
Korean Translation copyright © 2023 by Better Books Co., Ltd. through VLP Agency, Chile & Orange Agency, Korea

이 책의 한국어판 저작권은 오렌지 에이전시를 통해 저작권사와 독점 계약한 베틀북에 있습니다.
저작권법에 의해 한국 내에서 보호를 받는 저작물이므로 무단 전재와 무단 복제를 금합니다.

ISBN 979-11-979615-8-8   77870

주의사항 종이에 베이거나 긁히지 않도록 조심하세요. 책 모서리가 날카로우니 던지거나 떨어뜨리지 마세요.

우리 손으로 바꿔요!

호세피나 헤프,
마리아 호세 아르세 지음
김유진 옮김

어느 날 아침, 집 밖으로 나온 레나타는 동네를 바라보며 팔짱을 끼었어요.
언제부터 쓰레기가 이렇게 많았던 걸까요? 자동차는 매연을 내뿜었고,
길거리 동물들은 쓰레기 사이를 돌아다녔어요. 레나타는 동네가 달라졌으면 하는
생각에 한숨을 내쉬었어요.

우리가 버리는 물건이 썩는 데 얼마나 걸릴까요?
* 날씨나 토양, 물건의 성분에 따라 썩는 기간이 달라질 수 있어요.

털 양말: 1~5년

일회용 기저귀: 최소 30~40년에서 500년

면 셔츠: 6개월

니스나 페인트칠을 하지 않은 원목 식탁: 2~3년

스티로폼: 500년 이상

운동화 고무 밑창: 50~200년

깡통: 50년

바나나 껍질: 6주

유리병: 100~200만 년

플라스틱 생수 통: 500년

폐건전지: 200만 년 이상

레나타의 집은 동네와는 많이 달랐어요.
모든 게 늘 제자리에 깔끔하게 정돈되어 있었으니까요.
하루는 레나타의 딸 아나가 밖에서 놀고 싶다고 했어요.
그러자 레나타는 단호하게 말했어요.
"안 돼. 밖은 위험해."

쓰레기가 쌓이면 질병을 일으키고 전염시키는 모기, 새, 쥐 같은 동물이 번식할 수 있어요.

아나는 계속 졸랐어요.
"엄마, 밖에서 놀고 싶어요."
레나타는 아나를 쳐다보며 눈살을 찌푸렸지만 곧 생각을 바꿨어요.
"그래, 알았어. 그 대신 먼저 우리가 수년 간 쌓아 온 이 쓰레기를 치우자."

우리는 매일 1인당 평균 약 1킬로그램의 쓰레기를 만들어요. 국가나 개인이 소유하고 있는 자원에 따라 버리는 쓰레기 양에 차이가 날 수 있어요.

누군가 85세까지 산다면 일생 동안 약 3만 1천 킬로그램의 쓰레기를 버리는 거예요. 이것은 거의 31톤에 달하는 양이에요.

어른 코끼리 6마리와 아기 코끼리 1마리

어른 코끼리 한 마리의 무게가 5천 킬로그램이니까 한 사람이 일생 동안 버리는 쓰레기의 양은 6.2마리의 코끼리 무게와 같아요.

레나타와 아나는 하루 동안 8개의 쓰레기 봉지를 채웠어요. 쓰레기 봉지 안에는 과일 껍질부터 못과 망가진 장난감까지 없는 게 없었어요.
레나타는 늦은 밤까지 쓰레기를 치우고 피곤한 몸으로 잠자리에 들었어요.

레나타는 다음 날에도 쓰레기를 치우러 밖으로 나갔어요. 이제는 청소를 즐기고 있다는 걸 느꼈어요. 레나타는 매일 밤늦게 퇴근하는 요리사 이웃과 동네 고양이들과 인사를 나누었어요. 베르타 아주머니의 손자가 우는 소리와 곤충이 윙윙거리는 소리도 들을 수 있었지요.

처음에 이웃들은 레나타를 이상한 눈으로 보았어요. 하지만 레나타는 신경 쓰지 않았어요. 오로지 바닥을 치우는 데만 집중했어요.

심지어 쓰레기 수거차가 도착하면 쓰레기 싣는 것을 도와주기도 했지요.

쓰레기는 모두 어디로 갈까요?

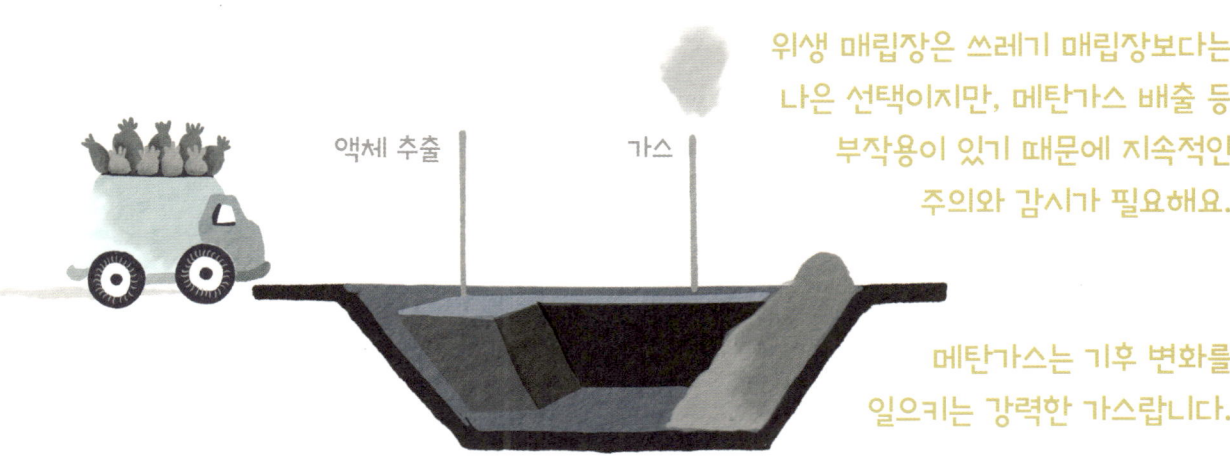

위생 매립장은 쓰레기 매립장보다는 나은 선택이지만, 메탄가스 배출 등 부작용이 있기 때문에 지속적인 주의와 감시가 필요해요.

메탄가스는 기후 변화를 일으키는 강력한 가스랍니다.

위생 매립장:
쓰레기를 일정한 높이로 쌓아 다진 뒤, 흙으로 덮는 방식을 써요. 토양 오염을 방지하려고 바닥을 방수 처리하지요.

쓰레기 매립장:
쓰레기를 모아 두는 개방된 공간이에요. 하지만 쓰레기를 그냥 두면 물과 공기와 토양과 생태계를 오염시킬 수 있어요.

큰 태풍이 몰아친 다음 날, 동네 곳곳에 지붕의 기와가 떨어지고 나뭇가지가 꺾여 나뒹굴었어요. 레나타는 다시 쓰레기를 치우기 시작했고, 이번에는 베르타 아주머니도 도와주었지요.

레나타와 베르타 아주머니는 더러워진 벽을 새로 칠하기로 했어요.
그때 후안이 다가와 자신이 그린 그라피티가 지워지는 게 싫다고 했어요.

레나타는 후안에게 동네 주민들을 위해 새로 그림을 그려 달라고 부탁했어요.

때마침 퇴근하던 요리사 브라울리오가 이웃들에게 무엇을 하는지 물었어요.
레타나의 말을 듣자마자 브라울리오도 동네를 청소하는 일에 같이
참여하기로 했어요.

현대 그라피티는 1960년대 미국에서 시작되었어요. 주로 허가를 받지 않고 공공장소에 자신만의
사인이나 그림을 그렸어요.

브라울리오는 취미로 다양한 물건들을 모았어요. 그의 집에는 신기하고 낡은 물건이 많았는데, 정리가 필요했지요. 레나타와 아나가 도와 물건을 종류별로 분류하기로 했어요.

세계 여러 나라의 생활 쓰레기 구성은 비슷해요.

다양한 종류의
플라스틱

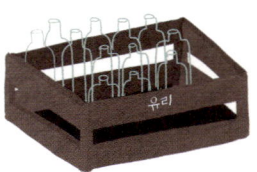
유리와 금속

종이와 상자

기타 (고무, 공갈 젖꼭지 등)

건전지는 유해 물질을 포함하고 있기 때문에 다른 쓰레기와 분리해서 버려야 해요.

폐식용유로 비누나 바이오디젤 등을 만들려면 별도의 용기에 담아 폐식용유 전용 처리 공간으로 보내야 해요.
폐식용유를 배수구에 바로 버리면 물을 오염시키고 물의 정수 과정을 어렵게 해요.

음식물 쓰레기

레나타와 동네 주민들은 쓰레기를 버릴 때 음식물 쓰레기가 아닌 쓰레기는 모두 씻거나 닦아서 재활용하기로 했어요. 재활용품과 재활용이 가능하지 않은 물건의 기준도 정했어요.

쓰레기를 올바르게 분리해서 버리면 자원을 제대로 활용할 수 있고, 쓰레기 처리 비용을 줄이며, 환경 오염도 막을 수 있어요.

재활용 쓰레기를 버릴 때 4가지를 기억해요.

1. 재활용이 가능한지 확인한 뒤, 패트병, 플라스틱 용기 안에 있는 내용물을 깨끗이 비워요.

2. 용기에 묻거나 남은 음식물, 이물질은 물로 헹궈요.

3. 뚜껑, 라벨, 스티커 등 다른 재질은 분리해요.

4. 재질과 종류별로 구분하여 섞지 않아요.

음식물 쓰레기는 채소처럼 분해되거나 썩을 수 있는 것을 말해요.

쓰레기로 퇴비를 만들 수 있어요.

1. 쓰레기를 분리해요.
   - 물기 없는 쓰레기
     (나뭇잎, 짚, 종이 상자)
   - 물기 있는 쓰레기
     (잔디, 과일이나 채소 껍질)

2. 물기 없는 쓰레기를 두 겹씩 쌓고, 그 위에 물기 있는 쓰레기를 한 겹씩 쌓아 올려요.

3. 악취 방지를 위해 윗부분을 물기 없는 쓰레기로 덮어요.

4. 물을 뿌리고 뒤집어 줘요. 항상 적당한 습기를 유지하고 한 달에 한 번 환기를 해요.

만드는 기간: 6~8개월

음식물 쓰레기에 지렁이를 넣으면 퇴비를 만들 수 있어요.

1. 음식물 쓰레기를 먹고 퇴비를 만드는 붉은줄지렁이를 구입해요.

2. 상자 바닥을 흙으로 채우고, 음식물 쓰레기로 덮은 다음 지렁이를 그 위에 올려요.

3. 음식물 쓰레기를 잘게 잘라 지렁이들이 먹을 수 있도록 상자 끝부분에 놓아요.

4. 필요할 경우 물을 뿌려 줘요. 물이 너무 많으면 지렁이가 숨을 쉴 수 없어요.

5. 너무 습하면 마른 잎이나 신문지를 넣어요.

6. 상자를 차광막 혹은 부직포로 덮어요.

지렁이에 대해 더 알고 싶나요?

- 지렁이는 4년 반 정도를 살아요.
- 지렁이를 기르는 이상적인 온도는 섭씨 18~25도예요.
- 지렁이는 높은 온도와 빛을 싫어해서 햇빛에 두면 안 돼요.

이렇게 만든 퇴비를 '지렁이 분변토'라고 불러요.

지렁이 먹이로 고기, 빵, 기름이 들어간 음식, 유제품 등을 주면 안 돼요!

만드는 기간: 약 6개월. 분변토를 빨리 얻으려면 지렁이 먹이를 작게 조각내서 넣어 주면 돼요.

동네 주민들은 무엇을 더 할 수 있을지 고민한 끝에 거리와 공동 정원에 식물을 심기로 했어요. 먼저 어떤 종류의 식물을 심으면 좋을지 논의했어요.

주민들은 몇몇 나무를 골랐어요. 날씨가 더워지기 전에 나무를 심어야 했어요. 날씨가 너무 춥거나 더우면 나무들이 스트레스를 받을 수 있으니까요.

주민들은 텃밭에 심을 관상용 나무와 채소도 골랐어요.

관상용은 우리 눈에 아름답게 보이는 것을 말해요. 관상용 나무를 선택할 때는 물을 자주 주지 않아도 되는지, 날씨에 적응하는 데 문제가 없는지 살펴야 해요.

주민들은 계절마다 어떤 채소를 심을지도 알아보았어요.
토마토처럼 추위에 약한 채소도 있고,
당근처럼 추위에 강한 채소도 있으니까요.

계절에 따라 잘 자라는 채소가 있어요.

꽃가루 매개자를 유인하는 꽃들도 심기로 했어요.
이건 아나의 아이디어였어요!

꽃가루 매개자는 우리가 흔히 정원에서 볼 수 있는 벌, 나비, 벌새, 파리 등을 말해요.

꽃가루 매개자는 수분이 이루어지도록 꽃에서 꽃으로 꽃가루를 날라, 열매와 씨앗이 열리게 해요.

지렁이 덕분에 동네 주민들은 우수한 품질의 천연 비료를 얻었어요.
나무와 채소를 심을 때 필요한 퇴비로 쓸 거예요.

동네 주민들 모두 모종판 만드는 방법을 몰랐기 때문에 배우고 싶어 했어요.
동네 주민들이 기부한 다양한 물건으로 화분도 만들고,
공동 정원을 꾸미기도 했어요.

세탁기, 타이어, 낡은 바지, 수레, 유리병 등은 화분으로 변신했어요.

타이어는 그네가 되기도 했어요.

자판이 빠진 키보드는 모종판이 되었어요.

친환경 벽돌은 화단이 되었어요.

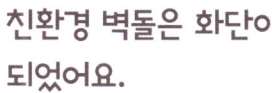

플라스틱 병은 스프링클러가 되었지요.

동네 주민들은 공동 정원에 열린 첫 열매를 보고 감격했어요.
나무가 다 자라면 더위를 피해 새와 곤충이 더 많이 모여들 것을
알고 있었기 때문에 더욱 기대가 커졌어요.

나무의 좋은 점

1. 공기를 정화하고 우리가 숨 쉴 때 필요한 산소를 만들어요.

2. 온열감을 2~8도 낮춰 줘요.

3. 새들에게 먹이와 안식처를 제공해요.

4. 우리의 스트레스를 줄여 주고 행복감을 높여 줘요.

자연과의 교감은 우리의 창의력을 키워 주고
정서적 안정에 큰 도움을 주지요.

베르타 아주머니와 브라울리오 요리사는 텃밭에서 얻은 수확물로
소스와 잼을 만들기로 했어요.

동네 주민들은 함께 만든 수공예품과 씨앗을 교환할 수 있는 장을 열자고 했어요.

레나타와 동네 주민들이 다음으로 할 일은 물건을 살 때 용기를 재사용하는 방법을 찾는 거예요.

가방 만들기

1. 잘 입지 않는 티셔츠를 준비해요.

2. 소매 하나를 잘라 끈 모양을 만들어요.

3. 나머지 소매도 자르고, 목 부분을 최대한 늘려요.

4. 아랫부분은 띠 모양으로 잘라요.

5. 띠를 단단히 묶어요.

6. 가방이 완성되었어요!

동네가 변하기 시작한 지 몇 달이 되었어요.
레나타, 아나, 베르타 아주머니, 브라울리오 요리사 그리고 후안은
전과 달라진 동네를 보니 믿어지지 않았어요. 여름이 끝나 가고
있어서 이제 가을을 준비해야 해요.
앞으로 동네는 더 아름다워질 거예요.

이 책의 이야기는 실제 있었던 일이에요!

주인공 레나타의 본명은 산드라 폰세예요.
칠레의 수도 산티아고에 있는 '산 라몬' 동네에 살아요.
산드라는 동네를 변화시키기 위해 캠페인을 벌였고,
'독립 단체'를 만들기도 했어요.
산드라는 이 일로 2013년 칠레에서 '영향력 있는 여성상'을 받았어요.

산드라 폰세는 동네에 넘쳐 나는 쓰레기를 보며
슬픔과 무기력으로 어둠에 갇혀 있는 느낌이 들었어요.

어느 날, 산드라는 나무 아래 서서
자연과 연결되는 경험을 했어요.
동네를 변화시키려면 무언가 해야 한다고
생각했지요.

산드라에게는 아름답고 행복한 동네를
만들어야겠다는 분명한 목표가 있었어요.

산드라와 동네 주민들은 새로운 동네를
만들기 위해 주변 환경을 변화시켰어요.

동네가 아름답게 변한 건 주민들이
서로서로 힘을 모은 덕분에 가능한 일이었어요.

단어 뜻풀이

기후 변화:
특정 장소의 기후가 시간이 지나면서 변화하는 것을 말해요. 지구 대기 중 온실가스 농도가 증가해 발생한 지구 온난화 때문에 일어나요. 과학자들은 인간의 활동이 낳은 결과라고 주장해요.

꽃가루:
수술의 꽃밥에서 만들어진 가루예요. 바람, 물, 곤충에 의해서 암술머리로 운반돼요.

꽃가루 매개자:
먹이로 꽃꿀을 찾는 곤충, 새 또는 포유류를 말해요. 꿀을 찾는 과정에서 꽃가루를 꽃의 수술에서 암술로 옮기는 역할을 해요.

모종판:
어린 식물을 땅에 옮겨 심기 전에 키우는 판 또는 용기를 말해요.

바이오디젤:
콩, 쌀겨, 유채 따위에서 추출한 식물성 기름을 원료로 하여 만든 바이오 연료를 말해요.

분해:
여러 부분이 결합되어 이루어진 것을 낱낱으로 나누는 것을 말해요.

온열감:
따뜻하게 열이 생성되는 느낌으로 습도나 바람 등 다른 요인에 따라 달라지기도 해요.

유해 폐기물:
사람이나 자연환경에 해를 끼치는 쓰레기를 말해요.

재활용:
못 쓰게 된 물건의 용도를 바꾸거나 새롭게 만들어 다시 쓰는 것을 말해요.

퇴비:
비옥한 토양과 식물의 성장을 돕기 위해 사용하는 물질로, 보통 미생물의 활동에 의해서 분해돼요.

폐기물:
더 이상 쓸모가 없다고 생각될 때 제거하거나 버리는 것이에요.

호세피나 헤프

칠레에서 활동하는 농학자이자 작가입니다.
사람과 자연의 연계, 야생 동식물의 보존 및 회복, 지구 건강을 되살리는 일을 하는
'칠코 재단(Fundación Chilco)'의 공동 창립자입니다.
생물 다양성 보전과 교육 및 지역 사회 연계 활동에 관심이 많으며,
최근에는 사막의 식물과 씨앗을 연구하고 있습니다.
쓴 책으로 《공원》, 《자연 여행: 예술과 과학의 만남》, 《이웃은 괴물》, 《안개의 시간》,
그리고 마르틴 F. 가드너, 파울리나 헤첸라이트너와 함께 쓴 《칠레 숲의 식물과 나무》가 있습니다.

마리아 호세 아르세

칠레에서 활동하는 일러스트레이터입니다.
가장 좋아하는 작업 중 하나는 수채화로 《자연 여행》이라는 책에서
지구상에서 가장 놀라운 식물 90종의 세밀화 그림을 선보이기도 했습니다.
사람과 자연의 관계가 더욱 돈독해지기를 바라는 '칠코 재단'의 자문 위원으로
지구 환경의 보존과 회복을 위한 다양한 활동에 동참하고 있습니다.
그림을 그린 책으로 《공원》, 《아델라의 태양》, 《마지막 이후》, 《훌리아나와 책들》,
《칠레의 반란 여성들》 등이 있습니다.

옮긴이 김유진

한국외국어대학교에서 스페인어를 전공했습니다.
같은 대학 통번역대학원에서 통번역학 석사, 일반대학원 비교문학과에서 문학 박사 학위를 받았습니다.
현재 모교에서 강의를 하면서 통번역가로 활동하고 있습니다.
우리말로 옮긴 책으로는 〈팝니다〉 시리즈, 《북쪽에서 온 왕비》, 《마법사의 예언》 등이 있습니다.